Pierre Stutz

Verweile im Augen-Blick

Schritte nach innen

W0225892

Eschbach

Die Kraft des Verweilens

Wir leben in einer faszinierenden Zeit.
Eine Fülle von Kommunikationsmitteln lässt uns die Qualität unserer Beziehungen vertiefen.
Eine Vielfalt von multikulturellen Erfahrungen lässt uns Anteil nehmen an einer weltweiten Kreativität. Eine große Mobilität lässt uns die Wunder der Schöpfung entdecken.
Wir leben in einer widersprüchlichen Zeit, in der uns täglich viele schreckliche Nachrichten erreichen, angesichts derer wir uns ohnmächtig fühlen.
Wenn wir an all den Ungerechtigkeiten nicht zerbrechen möchten, dann brauchen wir die hoffnungsstiftende Gabe des Innehaltens, die unsere Solidarität nähren kann.
Wenn wir den Geschmack am Leben nicht verlieren wollen, dann brauchen wir dringend eine Kultur des Verweilens. In unserer zunehmenden Angst vor Langeweile liegt der Schlüssel zu einem not-wendenden Umdenken.
Unsere vielfältigen Erfahrungen brauchen eine lange Weile, um das Schöne und das Schwierige vertiefen zu können.
Wahres Glück liegt in dieser Lebensweisheit, im Entdecken der Einfachkeit, die sich eröffnet im staunenden Verweilen und Vertiefen von all den Erlebnissen, die unsere Hoffnung und unser Vertrauen in das Leben stärken. Alle spirituellen Wege laden uns ein, der Kraft des Augen-Blicks mehr zu trauen. Der große Mystiker Meister Eckhart sagt es kurz und bündig: *„Gott ist ein Gott der Gegenwart. Wie er dich findet, so nimmt und empfängt er dich, nicht als das, was du gewesen bist, sondern als das, was du jetzt bist.“*
Das Wesentliche ist schon da, in diesem Augenblick.

Lass dich beflügeln

Lass dich beflügeln
zu einer größeren Weite
die dich erfahren lässt
wie du aufgehoben bist
zwischen Erde und Himmel

Lass dich fallen
in eine tiefere Wirklichkeit
die dich erahnen lässt
wie du eingebunden bist
in Schöpfung und Kosmos

Lass dich beflügeln
zu einem mutigen Sprung
der dich erleben lässt
wie durch das Loslassen
sich neue Perspektiven eröffnen

Lass dich fallen
in eine ungewisse Zukunft
die dich erkennen lässt
wie du aufgefangen bist
im Urgrund allen Lebens

Entdecke dein Leben als Gebet

Menschen aller Religionen beten:
Sie suchen nach Worten für das Unsagbare.
Menschen entfalten Symbole und Rituale:
Sie suchen nach Zeichen für die Urquelle allen Lebens.
Menschen gestalten Heiligtümer
und ermutigen einander zu einer inneren Reise.
Menschen loben, schreien, danken, zweifeln,
staunen, klagen, schweigen, singen, stammeln und jubeln
in ihrer persönlichen und gemeinschaftlichen Sinnsuche.
Menschen erahnen, dass jedes Gebet uns stärkt,
um liebend im Alltag gegenwärtig zu sein.
Buddha Sakyamuni sagt es so:

Liebe der Vergangenheit – ist nur eine Erinnerung.
Liebe in der Zukunft – ist nur eine Erwartung.
Wirkliche Liebe lebt einfach in der Gegenwart.

Wage eine Reise nach innen

Wohin geht mein Weg?
Was nehme ich mit auf meine Reise?
Was brauche ich wirklich?
Wird mir jemand helfen beim Tragen?
Was lasse ich bewusst zurück, um meine Reise zu erleichtern?
Was ist wesentlich in meinem Leben?
Was bleibt am Ende meiner Lebensreise?

Frag-würdiges in meinem Leben kann mir helfen,
mein Leben zu ordnen.
Frag-würdiges in meinem Alltag kann mir aufzeigen,
wo ich zupacken muss
und wo es heilsam ist, geschehen zu lassen.
Frag-würdiges in meinen Beziehungen kann mir aufzeigen,
was wirklich trägt
und wie sich echte Erneuerung ereignen kann.
Frag-würdiges in meinem Glauben kann mich herausfordern
meine Gottesbeziehung zu erneuern und
mein Vertrauen zu stärken in den Weg,
der mir Tag für Tag neu gezeigt wird.
Der Friedensnobelpreisträger und UNO-Generalsekretär
Dag Hammarskjöld (1905-1961) sagt weise:

Die längste Reise ist die Reise nach innen.

Lass dich vom Leben berühren

In Berührung sein
mit dem Leben
tastend
hörend
sehend

In Beziehung sein
mit meinen Nächsten
mitfühlend
achtsam
respektvoll

In Verbindung sein
mit aller Kreatur
staunend
suchend
dankend

In Dir täglich
das Leben vertiefen

Werde ein Clown Gottes

Clown sein
mich ins Leben hineinspielen
gegenwärtig sein
für beglückende Begegnungen

Clown sein
mich hineinversetzen in die Not
die Menschen bedrücken kann
mitfühlend sein

Clown sein
Orientierung durch Kommunikation finden
mitten im Alltag
meinen Handlungsspielraum erweitern

Clown sein
meine Mitmenschen zum Lachen bringen
weil sie viel mehr sind als das, was sie leisten:
gesegnet in ihrem ansteckenden Humor

Halte inne

Inmitten
engagierten Betens
dich berühren lassen
vom Engel der Leichtigkeit
der uns auch in Kindern entgegenkommt

Inmitten
uralter Traditionen
neue Worte finden für das Unsagbare
Leer-räume entdecken
die zum Innehalten einladen

Inmitten
vieler ungelöster Fragen
Hunger und Durst nach Gerechtigkeit wachhalten
in der kraftvollen Gewissheit:
Mit Gott springe ich über Mauern

Halte inne
sei gesegnet
jeden Tag neu

Sei ein Hoffnungston

Hoffnungston sein
in einer resignierten Welt
in den Klängen der Musik
die Hoffnungsmelodie Gottes erkennen

Vertrauenslieder anstimmen
in einer berechnenden Welt
die Menschen weltweit zusammenführen
zu einem befreienden Lebenstanz

Befreiungsmusik hören
gegenwärtig sein in höchster Aufmerksamkeit
und sich ganz vergessen können –
aufgehoben im Klang der Ewigkeit

Schau himmelwärts

Mich ausrichten auf den Himmel:
Mein Blick-Feld reinigen
damit sich mir eine neue Weite eröffnet
die grenzenlose Verbundenheit schafft

Mich orientieren am Himmel:
Meinen Horizont vergrößern
damit ich den größeren Zusammenhang entdecke
der auch ein Leben vor dem Tod fördert

Mich geborgen fühlen im Himmel:
Mein Urvertrauen freilegen
damit ich mitten im Alltag höre:
Ich bin mit euch alle Tage eures Lebens!

Meditiere das Leben

Gönne dir eine Atempause für deine Seele
aus Verantwortung für eine menschlichere Welt

Meditiere die Bäume
weil sie dir echtes Wachsen und Reifen aufzeigen

Lege deine Talente auf der Bank des Innehaltens an
als Widerstandskraft für die einmalige Würde jedes Menschen

Traue der Kraft deines Daseins
weil Gottes Name heißt: Ich bin da!

Schweige und höre auf die Stille,
um die Friedenskraft zu verstärken auf der ganzen Welt.

Genieße das Leben

Genießen können:
ich selber sein
ohne Maske
ohne Rollenzwang

Dasein können:
mich tragen lassen
auf dem Lebensfluss
Hoffnungslieder anstimmen

Vorbeiziehen können:
mich bewegen lassen
von den Wundern der Schöpfung
die zu eigener Kreativität bestärken

Genießen können:
mich daran erinnern lassen
dass uns in einfachen Bräuchen
echte Begegnungen geschenkt sein können

Entdecke das wahre Glück

Glücklich
wer seinen Blick weitet
den Schmutz des Misstrauens entfernt
sich neu ausrichtet auf das Wesentliche

Glücklich
wer frühmorgens
sich festmacht im Urvertrauen
in den Herausforderungen des Lebens getragen zu sein

Glücklich
wer sich selber erkennt im Spiegel
um seinen Beitrag einzubringen
der auch anderen Klarsicht ermöglicht

Glücklich
wer mitten in der Arbeit
allen Dienstleistenden Anerkennung zuspricht
die wohltuend nachklingen kann

Lass dich nicht leben

Kein Roboter sein
mich nicht leben lassen
mich nicht ausnützen lassen
augen-blicklich
meine Lebendigkeit entfalten

Keine Marionette sein
fremdbestimmt
verstrickt in lebensfeindlichen Mustern
im Hier und Jetzt
unserer Befreiung entgegen gehen

Kein Spielball sein
ausgeliefert
menschenfeindlichen Interessenkonflikten
gegenwärtig sein
für eine humanere Welt

Bewege dich zur Dankbarkeit

Danken können
Tag für Tag
für die Wunder des Lebens
die mich staunend die Tiefendimension
allen Seins erfahren lassen

Danken können
jeden Tag neu
für die Kraft meiner Hände
in denen ich Gottes Handeln erahnen kann
das sich unaufhaltsam entfaltet

Danken können
im Augen-Blick erkennen
was ewig bleiben wird:
die Kraft der Liebe
die sich im Alltag erneuert

Danken können
im Hier und Jetzt
für all die solidarischen Menschen
die miteinander aufbrechen
für eine ökologische Achtsamkeit